AF198569

Laura N. Jagielski

In mir

Gedichte eines halben Lebens

Bibliografische Information der Deutschen Nationalbibliothek:
Die Deutsche Nationalbibliothek verzeichnet diese Publikation in der
Deutschen Nationalbibliografie; detaillierte bibliografische Daten sind
im Internet über www.dnb.de abrufbar.

© 2020 Laura N. Jagielski
Layout des gesamten Buches: Silke Ruthenberg
Umschlaggestaltung und Illustration: Sonja Hülskämper
Layout: Silke Ruthenberg

BoD – Books on Demand, Norderstedt
ISBN 978-3-750-43587-2

Geboren in Berlin wuchs Laura ab dem 10ten Lebensjahr zusammen mit ihrem Bruder bei ihrem Vater in einem selbstgebauten Fachwerkhaus im WesterWald auf. In dieser Zeit der größten Verwundbarkeit als Mädchen und junger Frau verfasste sie bereits viele Gedichte. Sie zog sich zurück in die große Welt nach München, um dort an der Ludwig Maximilian Universität zu studieren. Ihre Gefühle und Emotionen dunkler Stunden schrieb sie weiterhin nieder. Das Schreiben war immer auch ein Akt der Befreiung von dem, was sie beschäftigte oder den Mantel der Traurigkeit über sie warf. Lauras Gedichte wurden schon früh von Erich Fried und Eckhard Osten-Sacken inspiriert

Die große Welt zog sie immer weiter hinaus. Auf ihrem Weg reiste sie durch viele Länder und wohnte in Wellington (Neuseeland), Ankara (Türkei) und Helsinki (Finnland). Ihre Bücher mit ihren Aufzeichungen waren dabei ein ewiger Begleiter.

Heute hält sie neben einem BA in Ethnologie einen Master in Sozialwissenschaften und hat an fünf verschiedenen Universitäten studiert.

Dieses kleine Gedichtband wäre nicht entstanden ohne die Hilfe meiner wundervollen Seelenschwester Silke. Sie hat mich nicht nur ermuntert meine gesammelten Gedichte der letzten 15 Jahre zu veröffentlichen, sondern mir auch mit LektoRat und Tat zur Seite gestanden. Danke.

Ein weiterer Dank geht an meine teuerste und treueste Zwillingsschwester, die mich Zeit meines Lebens, begleitet und mit mir durch Chaos und Katastrophen geht. Die wundervolle Cover Illustration und die Zeichnung stammen von ihr. Ihr habe ich auch vor Jahren eins der Gedichte gewidmet.

Ich widme dieses Buch und seine Gedichte all jenen die Hoffnung haben, die nicht aufgeben, jenen die manchmal verzweifelt sind und bei Zeiten die Welt und ihre Grausamkeiten nicht verstehen.
Den Nachdenklichen und den Handelnden, den Liebenden und den Trauernden, all jenen denen Emotionen, tiefe Empfindungen, Sensibilität und Verletzbarkeit nicht fremd sind. Erlaubt euch zu fühlen, niemand sollte euch für Eure Gefühle und Empfindungen verurteilen.

Hope
Nadjeschda

Wenn ihr längere Zeit in den Spiegel starrt

euch wundert wer diese Person ist

Ihr zulächelt und in die Augen schaut

das Schimmern, die Erwartung

das sechsjährige Kind dahinter

Wenn ihr euch fragt

was dieses sechsjährige Mädchen

wenn sie euch so sehen könnte

wohl denken würde?

Was sie wohl zu euch sagt

was sie wohl von euch hält?

Was sie davon hält

was aus ihr wurde?

Kann sie sich freuen auf das was kommt

oder bestärkt es sie in ihrem Wunsch

ein Kind zu bleiben?

Hätte sie die Fähigkeit

alles bereits geschehene und erlebte

ungeschehen zu machen

würde sie den selbigen Weg einschlagen?

Wenn ich mein sechsjähriges Mädchen sehe

möchte ich es zu erst beschützen

schützen vor allem was ihr die Unschuld

die Reinheit nehmen könnte

Und dann möchte ich

dass sie stolz ist

Ich möchte, dass sie stolz ist

auf das was ich bin

Auf das was sie bekommen wird

Dass sie sieht

dass ich nie unsere Ideale über Bord geworfen habe

Dass sie sieht

dass ich sie beschützt habe

so gut ich konnte

Dass ich jeden Tag kämpfe

um sie zu halten

Dass ich jeden Tag kämpfe

für das was schon ihr immer wichtig war

Wenn ich in den Spiegel schaue

kann ich sie sehen

Sie steht direkt neben mir

Sie lacht mich an

mit all ihrer Hoffnung

all ihrem Wissen, das nur Kinder haben

All ihrem Mut gegen die große Welt

All ihrer Liebe

die sie wie die Sonne als Strahlen voll Wärme verteilt

Sie hält fest meine Hand

ich weiß, dass sie mich alle Zeit halten wird

Sie wird gemeinsam mit mir gehen

bis wir sehen, wer die Frau vor dem Spiegel

einst sein mag

Stille

Aus leeren Höhlen starrend

mit meinen ausgekratzten Augen

in der Hand

drücke ich fest an meine Ohren

die halb von meinen Lippen verschlossen

sehen

was ich lange versuchte zu hören

Das Niemand spricht

Dunkelheit

in stummer Stille

Stranger

Ihr verurteilt uns
weil ihr Angst vor uns habt

Ihr habt Angst vor uns
weil wir anders sind

Wir sind anders
weil ihr uns nicht versteht

Sein

Ich liebe dich nicht nur für das was Du bist
sondern für das was ich bin und sein kann
wenn ich mit Dir bin
Warum ich dich liebe
kannst du in keinem Spiegel sehn

Remember

Ich erinnere mich

ich erinnere mich
wie du mir erstmalig verunsichert gegenüber saßt
Wie deine Mundwinkel tanzten
wenn du mir lachend meine Haare aus dem Gesicht
strichst

Ich erinnere mich
wie du mich mit dem Schmerz
der ein ganzes Universum umfassen zu schien, ansahst
wie dein Lachen meine tiefe Nachdenklichkeit wegwischen
konnte
Deine Arme die mich festhielten
als müsstest du Angst haben zu fallen
wenn du mich los ließest
Dein Strahlen in den Augen
wenn du es wieder erfolgreich geschafft hattest mich zu
ärgern

Ich erinnere mich an deine Hände
die so zögerlich meine in ihre nahmen
als könnten sie sich verbrennen

Deine Stimme halt noch in meinem Kopf

die so voller Leben war, als könnte sie die Welt umhüllen

und versagte stimmloser als Stumme wispern

Ich erinnere mich an jeden einzelnen Tag

an dem ich die Tür für dich zu machte

und sie nicht geschlossen halten konnte

An jeden einzelnen Abschluss

nur um dich doch wieder vor mir zu finden

Das Bild meiner Tür in der du stehst

hat sich in mir eingebrannt

Ich erinnere mich an dein Weinen, deine Schwäche

wie an deine Träume und deine Stärke

Ich höre noch das Echo deiner Worte

wie die Bewegungen deiner Lippen, die sie sprachen

Ich erinnere mich an deine Liebe

die verunsichert nicht wusste wie sie damit umgehen sollte

Ich spüre deine Haut

die so weich auf meiner lag

als wäre sie aus demselben Stück geschnitten

Ich erinnere mich

wie ich mit geschlossenen Augen erst einschlafen konnte

wenn ich deinen leisen Atem neben mir vernahm

Nachdem du schon lange eingeschlafen warst

Ich erinnere mich

an jeden Tag

an jedes Bild von Anfang an

Ich vergesse immer noch

dass ich aufhören wollte

mich zu erinnern

Nichts

Mein ganzes Leben

hat mir eine zweite Stimme im Kopf eingeredet

‚Du musst immer stark sein'

Ich war zu schwach

Als ich versuchte

sie herauszuschneiden

hat sie mich ausgelacht

‚Du wärst nichts ohne mich

Ohne mich könntest du nicht überleben'

Und so überlasse ich ihr

was ihr schon immer gehört

Glück

Glück ist

noch am Ende aller Tage

jemanden zu haben

der fest deine Hand hält

Leben

Mein Leben rennt vor mir davon

Ungeschickt, japsend, stolpernd, renne ich hinterher

versuche es einzuholen

Falle, halb blind über jeden größeren Stein

drücken mich kleine Steine in meinem Schuh

Nebel der mich umgibt

kann ich dich neben mir nicht mehr erblicken

Sehe ich meine eigenen Hände nicht

Ich höre mein Leben seine Schritte schneller sich entfernen

mich selbst nur keuchend, rudernd

fast nicht mehr könnend

Meine Füße tun mir weh

Seitenstechen setzt ein

wenig Luft

mir fällt das Atmen schwer

Wenn ich doch nur deine Hand zu fassen bekäme

Mit neuer Kraft und schnellen Schrittes liefe ich dann

Ich glaube ich kann deinen Atem hören

doch meiner rasselt, stockt

Eine scharfe Kurve kommt

Ich renne um die Ecke

Der Nebel ist verschwunden

Doch ich kann mein Leben vor mir nicht mehr sehen

Es ist mir davon gerannt

Ich dreh mich um..

Schreiben

Sie ist ein Wrack

ein absolutes Wrack

Ihre Beine brechen unter ihr weg

Sie kann nicht stehen

Kann nicht gehen

Liegt seelenverkrüppelt da

vermag sich nicht zu rühren

Das Blut läuft an ihr herab

Die Flüssigkeit fließt aus der umgestürzten Flasche

Sie kann nichts sehen

Hat kein Ziel

Sitzt da in vollkommener Schwärze.

Nur Dunkelheit

wie eine Wand

die sie schützt

Längst zerrt es an ihr

Zieht sie zu sich

Der stetig pochende Gedanke

Doch die Dunkelheit versucht sie aufzuhalten

und die zarten Gedanken..

Sie sieht nichts mehr

Knickt weg

Wartet auf ein Zeichen

In ihrem Kopf hämmert es

Schwer hängen die Haare wirr durcheinander

Ihre Augen können nichts sehen

sSe fühlt nichts außer die Schmerzen

Heißes Wasser das aus ihren Augen rinnt

Sie wartet auf Rettung

doch vergebens

Die Musik klimpert leise vor sich hin

Sie wartet

Auf Erlösung?!

Die Angst beschleicht sie

nicht zu sein

Nicht zu sein wie sie gern wäre

Solche kleinen Dinge

Wie können solch kleinen Dinge

eine Katastrophe auslösen?

Doch es scheint noch viel mehr dahinter

Vulkane kommen nach langer Zeit zum Ausbruch

Sie sieht verschleierte Umrisse

hält ihren Kopf

stöhnt, kauert sich zusammen

Ihr Kopf platzt

Sie schleppt sich durch die Dunkelheit zum Schreibtisch

beginnt zu schreiben

Sich die Seele aus dem Leib zu schreiben

bis das Blut nicht mehr weint

Irgendwann

Irgendwann

wenn das Rauschen in meinem Kopf

aufgehört hat zu lärmen

tritt vollkommene Leere ein

und es wird still

Dann weiß ich

Das bedeutet

endlich Freiheit

pull the trigger

Verschwinden

Nur Badewasser fließt schneller ab

als sinnloses, nicht gelebtes Leben

das an einem vorbei läuft

Kleine Wirbelstürme bilden sich

kurz bevor es vorbei ist

Und irgendwann sitzt du auf dem Trockenen

und es ist still

Und du starrst den Abfluss an

in der Hoffnung

den selben Weg wie das Wasser nehmen zu können

Und so einfach

schnell zu verschwinden

Wissen der Welt

Als Kind

waren meine Eltern das Größte für mich

und ihr Wissen

war das Wissen der Welt

Heute sind sie kleiner als ich

und ich weiß

dass auch die Welt

nicht alles weiß

 formerly ∾ ∾

Zwiegespräch

Warum

musstest du wieder kommen?

Nach all den langen Jahren

Wieso bist du nicht geblieben

wo du warst?

Ich wollte dich nie wieder sehen

Sie ist wieder da

und sie bringt die Zerstörung

Ich bin all das

was sie nie sein wollte

Sie hasst mich!

Sie wollte nie

dass ich dies noch einmal werde

Du bist gekommen um zu heilen

was nie ganz war

Sie ist gekommen um zu zerstören

was nie da war

Sie ist gekommen

um zu sagen

dass ich versagt habe

Und sie bringt den Schmerz

Du hast gesagt wir wären Eins

Und Ich weiß

dass Du Sie nicht gehen lässt

bevor sie ihr Werk vollendet hat

Hope

I know

the second

where I lose hope

Is the moment

where I'll lose my will to live

Verschwinden

Je länger ich über meine Existenz nachdenke

und je weiter ich grabe

desto mehr schein ich zu verschwinden

und der Blick verschwimmt

Stimmen

Ihr findet uns unbequem

weil wir unsere Stimmen erheben

Ihr könnt uns wegtragen

und schikanieren

aber wir werden nicht aufhören zu schreien

ehe wir erhört wurden

Tosendes Meer

Zu viele Tränen

füllen den Fluss

der schon lange

zu einem tosenden Meer wurde

Und du ertrinkst

Bevor ich sterbe

Bevor ich sterbe

dich noch einmal gesehen und gekannt haben

Doch dann wenn ich dich kenne

dich noch einmal im Arm halten und küssen dürfen

Nun nachdem ich deine Lippen berührt habe

wie kann ich da noch sterben wollen?

Nächtlicher Atem

Nachts

höre ich die Welt atmen

Wie sie langsam ausatmet

versucht die Verbrennungen des Tages zu vergessen

Den Schleier lüftet

Müde und zerfressen liegt sie da

Versucht zu regenerieren

was noch zu retten ist

Lässt sorgenvolle Blicke schweifen

Nachts atmet sie

Versucht sich vorzubereiten

auf neue Wunden

gegen einen neuen Angriff

am nächsten Morgen

Erdacht

Wenn du nur sagst

dass du mich lieb hast

mir aber nie zeigst

wie sehr du mich lieb hast

Und wenn ich

nur alleine

versuche

für etwas zu kämpfen

das gar nicht da zu sein scheint

Woher weiß ich dann,

dass du existierst

und woher weiß ich dann

dass Ich selbst

nicht nur erdacht bin...?

Existenz

Du fragst mich nach dem Sinn?

Und ich sage dir, es gibt keinen Sinn

Nicht für meine Existenz und nicht für deine Existenz

Nur das deine Existenz

    meine Existenz

       auslöscht!

Verloren

Wenn Eins und Eins

nur noch Zwei ergibt

Wenn den Bäumen

keine Blätter mehr entsprießen

Wenn der letzte Tiger

unter der Erde

Wenn der Himmel schwarz

wir unsere eigenen Hände nicht mehr sehen

Dann haben Du und Ich

verloren!

Stimmen

Schon bevor du gehen musstest

fragte mich eine kleine Stimme in meinem Kopf

was ich täte

wenn du gegangen wärst

Ich schob sie beiseite

weit weg von mir

und antwortete nur

‚Du wirst nicht gehen'

Nun nachdem du lange gegangen bist

frage ich mich

wo diese Stimme geblieben ist

damit ich antworten kann

‚Ich schaffe es nicht ohne dich'

Doch keine Antwort

denn die Stimme

ist lange mit dir gegangen

Kind der Dunkelheit

Ich bin bereits so lang gereist

der Sonne abgewandt

denn nur bei Nacht

da kann ich sehen

kann ich fühlen

dass ich lebe

Nur im dunklen Schein

erglimmt mein Licht

Ich bin der Wächter

über die Schwärze

die in diese Welt einbricht

Zu lang wandere ich

auf Dunklen Pfaden

Die Hoffnung längst erlischt

Die Funken

die einst Feuer waren

verbrennen meine Wangen nicht

Eiskalt der Schleier

der mich umgibt

Schützt vor schwerem Schlage

meine Seele

den dunklen Klumpens

der dort übrig blieb

Wärmen tut nur

der Todeshauch

der Wind, der Sturm

Sieh her

ich bin schon lang nicht mehr

Nicht mehr dort

im Licht

nur im Schatten

selten zu finden

Doch manchmal

wenn du leise horchst

riechst, schmeckst

dann fühlst du mich

Kind der Dunkelheit

tot dem Lichte

bringt Schwärze mit

und leise lacht

Du siehst mich nicht

Ich bin schon lang nicht mehr

Staubige Erinnerungen

Ich nehme meine Erinnerungen

falte sie

fein säuberlich zusammen

verschnüre sie sorgfältig

und schließe sie

ganz hinten

in die unterste Schublade

Mit der Hoffnung

dass sich Staub darauf legt

Sie niemals je jemand finden möge

Und sie

mit der Zeit

selbst zu Staub verfallen

und sich auflösen

Langsam Sterben

Ich habe vor langer Zeit aufgehört zu hoffen

Denn es ist das lange Warten

was einen langsam

sterben lässt.

Pechschwarze Dunkelheit

Innerlich tot

alles umfassende Dunkelheit

Pechschwarz

Augen in der Nacht rotunterlaufen

Kälte

ein eisiger Wind

Heulen

und der faulige Geruch von Tod

Wahnsinn

Was tust du

wenn du tief im Inneren verstehst..?

Wenn du weißt, dass du nichts mehr ändern kannst

Wenn es soweit ist

dass der Wahnsinn dich verschlingt

Wenn dein Herz still steht

doch die Welt dreht sich weiter

Wenn es zu spät ist...?

Und was wirst du tun

wenn der Wahnsinn dich befiehlt?

Ergibst du dich willenlos der Dunkelheit

oder wirst du kämpfen?

Vergammeltes Fleisch

Es ist Blut

Es Ist Tod! Es ist Sterben!

Es ist Krankheit! Es ist Verderben!

Es ist Armut! Es ist Mord! Es ist Zerstörung!

Es ist Krieg

Es ist Verzweiflung

Es ist Heuchelei, Qualen und Zerrissenheit

Es ist Betrug

Es ist Verzweiflung

Es ist Dunkelheit! Es ist Grausam!

Irgendwann ist es das Ende

Derweil und dazwischen

ist es Schmerz

Ist das, das Leben?

Ist es Leben?

Es ist das spazieren tragen

langsam vergammelnden Fleisches

Wer nennt DAS leben?

Dunkelheit

Pechschwarze Dunkelheit

kriecht in mir hoch

umwickelt meine Beine

umschlingt meine Lungen

Mir bleibt keine Luft zum atmen

Doch sie kriecht weiter

Nistet sich in meinem Herzen ein

verschlingt es ganz

Lässt es gefrieren

und schwarzes Blut weinen

Ohne mich zu wehren

ergebe ich mich der kalten Flut

Die so viel mehr

und wärmer ist

als so manche Zeit

die ich gelebt habe

Zeichnen

Und wenn ich einst sterbe

möchte ich das ohne Zorn

Und vergeben können

Sowie die Narben akzeptieren

die mich zeichneten

Sie akzeptieren

als einen Teil von mir

Was bleibt?

Und was bleibt von meinem Leben übrig

(als) ein leeres Zimmer

und ein kaltes Bett

Spinnweben an den Bildern

die mir einst so lieb waren

Warum Zeit

Es zieht alles so schnell an einem vorbei
die Zeit rast ohne Unterlass

War es eben noch gestern
ist es bald schon ,vor einem Jahr'

Wie soll man seine Ziele erreichen
und sich selbst finden
wenn einem nicht die Zeit bleibt darüber nachzudenken?

Wie soll man Neues erlangen
wenn man noch so sehr mit Altem
und bereits Vergangenem beschäftigt ist?

Wie soll man lernen zu verstehen
wenn die Zeit drängt zu vergessen?

Wie und Wieso soll und tut man sich erinnern
wenn es doch jedesmal nur schmerzt?
Warum reißt das Herz jedesmal auf ein Neues auf
obwohl soviel Zeit vergeht?

Wieso kann man die Zeit nicht anhalten

oder sogar zurück drehen?

Warum lassen wir Zeit in unserem Leben

eine so große Rolle spielen?

 Warum bestimmen Erinnerungen und Erlebnisse so

unser Leben?

Warum laufen wir vor der Zeit davon

wenn wir doch mit ihr gehen sollten?

 Warum versuchen wir nicht

die Zeit zu unserem Vorteil zu nutzen?

Und was

machen wir derweil

mit unseren Erinnerungen?

Taub

Bis meine Hände so taub sind

dass sie die eisige Kälte gar nicht mehr spüren

Sich nur noch festkrallen

und doch wissend

dass es niemals Wirklichkeit sein kann

Ein Traum

der längst vergessen war

ein Gefühl

das längst begraben wart

So viel Sehnsucht

aus all den Vergangenen Jahren

Wohin

mit alldem

dem tauben Gefühl

Mein Herz

so taub

Erkaltet

Nichts fühlend

in all den Jahren

wie meine Finger

Ein eisiger Griff

nach all der Zeit

Die eisige Taubheit der Hände

ist dann gar nicht mehr zu spüren

Endlos

Ein Kind in der Sonne

durch Meter hohes Gras laufend

fröhlich lachend singend springend

Auch du warst einst ein solches Wesen

unbeschwert

bis dich die grausame Realität je aus einmalig

schönen Träumen riss

Denn heute, allein im immer nachtdunklem Zimmer

sitzend

Musik hörend

Schwarze und rote, dicke Tränen

lässt dein Körper weinen

tropfend auf dich niederfallen

Kochendes Wasser

unaufhörlich aus endlos tiefen

leeren Augen fließend

Und du

rot verquollen

dem Himmel so nah sein wollend

versuchst zu fliegen

Bis die Erde wieder

deinen Körper sanft umschließt

und dich für immer träumen lässt

Denn auch du

warst einst ein kleines Geschöpf

mit endlosen Träumen

Was ich einst war

Manchmal schaue ich alte Bilder an

und erkenne nicht

was ich heute bin

Dann schau ich in den Spiegel und sehe

dass ich nicht mehr bin

was ich einst war

Traum

Wer bist du?

Wer bin ich?

Mich gibt es nicht

Ich sah dich im Traum

Der Traum war der Tod

Ich träumte dich

Ich existiere nicht... (für dich)

Mein Tod

warst du

Stillstand

Die Dunkelheit umgibt mich

dringt in mich ein

Kälte von Innen

Der süße Gedanke an den Tod

überkommt mich

Breitet sich aus

stärkt mich

Von der Dunkelheit zerfressen

erkaltet mein Herz zu einem schwarzen Klumpen

Mein Leben steht still

Doch auch ohne mich

geht der Wahnsinn der Menschheit weiter

Nie wieder

Manchmal wünsch ich mir

und dann denke ich

und weiß genau

es wird nie wieder

Zu oft

Zu oft geliebte Menschen gehen lassen

Zu oft geliebte Menschen zu früh verloren

Zu oft

Zu oft zurück gelassen

Warum sein Herz an jemanden hängen

mit dem Wissen diesen geliebten Jemand

eines Tages

ziehen lassen zu müssen

Zu früh

schon viele vor ihrer Zeit

Narben

Und wenn ich sterbe

dann möchte ich das ohne Zorn

Sowie die Narben akzeptieren

die mich zeichneten

sie akzeptieren als einen Teil von mir

Irgendwann

Manchmal glaube ich

ich laufe nur vor mir selbst davon

bis die Vergangenheit mich einholt

Doch ich trotze und schreie

gegen den Sturm

Bis meine Stimme lauter wird

und ich mich

irgendwann

wieder finde

Leere

Im Wasser stehend

habe ich Angst zu verdursten

Umgeben von vielen

fühle ich die Einsamkeit

Wachen Sinnes habe ich Angst

es könnte mich nicht geben

Schmerzen

spür ich schon lange nicht mehr

Einen Puls hat es vielleicht einst gegeben

(damals)

lebend

Vielleicht

Vielleicht wird es besser

aber die Zeit heilt auch nicht alle Wunden

Vielleicht geht man mit der Zeit ‚anders' damit um

Vielleicht wird es (nur ein klein wenig) besser

Aber die Narben sitzen tief

Zu tief!

Narben werden immer bleiben

Auch wenn sie keiner sieht - sie sind da

Beständig - sie beeinflussen

Sie schmerzen - jeden Tag

Sie glühen - jede Nacht

Vielleicht akzeptiert man mit der Zeit

aber die Narben akzeptieren nicht

Und jede Narbe, die wieder zu einer Wunde wird

und jede Wunde, die erneut aufreißt und zu bluten beginnt

lässt ein wieder erkennen

Vielleicht

aber unwahrscheinlich

Es wird nicht vergehen, auch nicht mit der Zeit

Vielleicht

lernt man es tief drinnen zu verschließen

und einzusperren

Vielleicht..

Heilende Selbstzerstörung

Sie wusste sie würde nie wieder dieselbe sein

Nachdem sie einmal begonnen hatte

konnte sie es nicht mehr beenden

Sie konnte nicht mehr zurück

Doch der immer wiederkehrende Kreislauf

hatte sie bisher vor dem totalen Sturz bewahrt

Sich selbst zerstören, half ihr

sich nicht vollkommen zu entgleiten

Kaltes Glas

Sie sieht in den Spiegel

und sieht sich und wiederum sieht sie nichts

Leere Augen, die in die Dunkelheit starren

versuchen ein Licht zu erhaschen

Ein Versuch zu schreien und zu fassen

was nicht zu fassen ist

was sie nicht finden kann

Gar nicht zu wissen, wonach sie sucht

Ein Licht

eine Hoffnung

die Erlösung?

Etwas wonach es sich zu suchen lohnt

etwas worüber es zu schreiben lohnt

etwas wofür es sich zu leben lohnt

Sie greift nach dem Wesen

mit den leeren Augen

und der blassen Haut

Was sie ertastet ist nur kaltes Glas

Glas was sie widerspiegelt

Nichts.

Kaltes Glas, kalt wie sie

wie das was in ihr ist und wächst

Die Kälte scheint aus den Fingerspitzen zu fließen

die Umgebung um sie in Eis zu verwandeln

Ihre Finger sind taub

genau wie ihr Mund

der nicht schreien kann

Ihr Spiegelbild anschreien

Sich anschreien

Den Grund anschreien

warum sie so kalt ist

Doch die Kälte vergeht nicht

und auch nicht die Leere

Verweilt, frisst sich tiefer in sie

Lässt zu Eis gefrieren

was noch nicht gefroren war

Vollständige Leere

nur ein Gedanke

,Wie es soweit kommen konnte'

Ein Spiegelbild

kalt, leer

Nichts

Sie und vielleicht noch ein Gedanke an Ihn,

bevor sie fällt

Da ist kein Netz

kein Netz, das sie auffängt

Sie fällt

fällt immer weiter

versucht nicht einmal sich dagegen zu wehren

Sie fällt, prallt auf

ist erlöst, ist glücklich

DU und ICH

Ich kenne dich

ich kenne dich bereits so lang

wie die Dielen in meinem Zimmer

die knarzen, wenn man nicht weiß

wie man um ihre laute Eigenart herumtänzelt

Ich habe gelernt um deine Stimmungen zu tänzeln

wie um diese Dielen

Menschen sind gekommen und gegangen

in deinem Leben

in meinem Leben

Sie haben uns zum knarzen und ächzen gebracht

wie die Tritte auf der Diele in meinem Zimmer

Sie haben versucht uns auszutauschen

wie man eine störende Diele ersetzt

Die Splitter in Ihren Fingern

haben diese Versuche kurz gehalten

Sie haben versucht dich zu polieren

sie haben versucht mich zu polieren

aber unser Glanz war allein schon scheinend genug

Sie sind gegangen

Über uns, ohne Uns

doch wir sind geblieben

Wir sind weiter gezogen

wir sind auseinander gezogen

Auch wenn wir nie beisammen wohnten

konnte uns keiner trennen

Wir sind immer noch laut

wie die Diele in meinem leeren Zimmer

Wir sind immer noch da

du und ich

und wir werden WIR bleiben

Zurück, wohin?

Es ist dieses Gefühl

dass der Kopf explodiert

Im Grunde willst du nur rennen

aber du weißt nicht in welche Richtung

Am liebsten willst du zurück

aber du weißt, wenn du zurück kehrst

wirst du nicht mehr vorfinden was dort eins war

wie dein Leben dort war

und du wirst noch mehr allein sein

Wohin zurück also?

Und wie weit zurück?

Welches zurück?

Ein Örtliches zurück gehen

Wird niemals ein zeitliches zurück gehen

Und somit wirst du nie finden

was dich zum zurück gehen bewegt hat

Aber wohin rennst du?

Wohin ist vorwärts?

Und wie viel vorwärts ist das Falsche rückwärts?

Nacht

Nur die Nacht

zeigt mir die volle Wahrheit

Offenbart was ich bin

Erhellt meine Wunden

verdeckt meine Sünden

Erfüllt mich mit gleißender Dunkelheit

und fröstelnder Wärme

Schützt mich vor allem Unheil

Zeigt mir die schönsten Stunden

Und flüstert mir zu

Nur die Nacht

zeigt mir die Wahrheit

Was ich hätte sein können

wenn ich das Licht gewählt hätte

Schenkt mir die Kraft

und die Sicherheit

Dem Licht entgegen zu treten

Dem Tag zu trotzen

Ich zu bleiben

und nicht zu verschwinden

Nicht verschlungen zu werden

von dem Strudel

Ihm entgegen zu schreien

all dem Schmerz der Vergangenheit

Und die Wahrheit zu erkennen

was ich bin

Abschiedswunden

Den jeder Abschied

ist wie eine fast verheilte Wunde

die erneut aufplatzt

Wie darf ich glücklich sein?

Wie darf ich glücklich sein

wenn andere Menschen gehen?

Wenn ein Mensch stirbt?

Warum?

Warum musstest du gehen?

Ich sehe dich noch dort stehen

in der Küche

Du siehst mich an und du lächelst

Man merkte, dass du krank warst

Wir dachten das Schlimmste wäre vorbei

Ich erinnere mich wie du das erste Mal

über Schmerzen klagtest

Wir sagten uns

es ist nichts Schlimmes

Du gingst um wiederzukommen

aber du kamst nicht wieder

Und ich habe noch nicht verstanden

dass du nicht wiederkommst

und auch nicht

dass du nicht mehr dort bist

Aber wie darf ich glücklich sein?

Der Tod

Der Tod ist nicht dein Feind

du kannst nicht gegen die Zeit kämpfen

und auch nicht gegen den Tod

Dein Feind bist du selbst

Du belügst und hintergehst dich selbst

täuschst dich

Du musst dich selbst befreien

und versuchen zu fliegen

Kämpf nicht wogegen du nicht kämpfen kannst

Denn dein Feind ist nicht der Tod

Das Wichtigste

Menschen laufen vorbei,

in Hast und Eile

Sie rennen, fluchen weinen

laufe mit glasigem Blick

Sehen nur sich

nur ihr Ziel

nur Ihr Ende

Die Menschen um sich sehen sie nicht

Sie registrieren nicht die Verzweiflung einer Frau

Sehen nicht die Tränen eines verirrten Kindes

Verstehen nicht die Frage nach dem Weg

Sie sehen nur sich

nur sich und ihre Leiden

nur sich und ihr Glück

Sie nehmen nicht Teil an der Freude des lachenden Kindes

Erkennen nicht die Zuneigung des aneinander

geschmiegten Paares

Für sie sind ihre Sorgen und Ängste

ihre Zufriedenheit und Ihre Fröhlichkeit das Wichtigste

Das Wichtigste für sie sind nur sie selbst

Weltenschleier

Erkennst du den Schleier, der über allem liegt?

Der die Welt still und lautlos macht

und in ein waberndes Licht taucht?

Schemenhafte Umrisse hinterlassend

lässt er den Weg nicht mehr erkennen

Fäden ziehen sich wie Nebelschwaden über die Land-

schaft

alles scheint wie im Traum

Geräusche werden verschluckt in der Unendlichkeit

Niemand ist da

Niemand außer dir

Oder hat es nur den Anschein?

Denn auch die Anderen sind vom Schleier verdeckt

Du musst deinen Weg für dich finden

Auch in deiner Traumwelt

Selbst wenn du Nichts siehst außer Umrisse

und dämmriges Licht

Auch wenn du nichts hörst

außer deinem eigenen Atmen

Du weißt das DU da bist

Du kannst fühlen das es dich gibt

Und du wirst dich finden

৩ ৵

Die Sicherheit der Dunkelheit

Der Himmel so klar, im Dunkeln

Ich fliege ihm entgegen

Die Dunkelheit hält mich

sie hält mich umfangen

und macht mich gleichwohl so frei

So unbeschwert

So sorgenlos

Ich kann dich sehen

ich kann dich fühlen

direkt neben mir

Die Sicherheit der Dunkelheit

nichts macht die Gedanken so klar

nichts zeigt deutlicher die Wahrheit

Ich kann frei sein

Ich kann allein sein

Ich kann ich sein

Ich bin da

Ich fühle mich

Und noch mehr fühle ich die Sehnsucht

Die Sehnsucht zu fliegen

Dir entgegen zu fliegen

Oder für immer alleine zu bleiben

Du siehst mich nicht

DU stehst mir gegenüber

schaust mich an

guckst durch mich hindurch

Ich winke dir zu

doch du reagierst nicht

Du sitzt mir gegenüber

so nah

doch du siehst mich nicht

Dein Blick schweift in die Ferne

ab von mir

Deine Gedanken

nur der Himmel weiß wo du sie vergräbst

Du siehst mich nicht

deine Gedanken sind nicht bei mir

Deine Stimme spricht nur zu Anderen

Deine Worte

sind nicht für mich bestimmt

Deine Hände

greifen neben mich

Ich kann sie so nah bei mir spüren

doch deine Finger bemerken die meinen nicht

Deine Berührung gilt nicht mir

Ich kann dich fühlen

doch du

du siehst und fühlst mich nicht

Der Rabe

Ich träumt heut Nacht von einem Raben

ich sah ihn an

da flog er auf

Er landete auf einem Grabe

bewachsen voll mit Efeu

Hier ruht in Schmerz

bis Ewigkeit

ein Mädchen

das von Licht umhüllt

in ihrem schwarzen Kleide

Auf das wer kommt

und mit Ihr teilt

das Licht, das strahlt

die Morgensonn

Ich trat näher und erschrak

den eine Stimme rief

‚Kehr um!

Zurück auf heilgen Pfad

das Licht es bringt dich um‘

Da begriff ich wer dort rief

war das Mädchen das dort liegt

Sie schrie

‚Nun geh!

Geh!

Sonst frisst auch dich

die Dunkelheit

die mich einst bannte'

Da erkannte ich

tief aus der dunklen Erde drang

die Stimme, die wie meine klang

Ich sah die Zukunft vor mir liegen

Raben die am Himmel fliegen

die versuchten mich zu warnen

Ich drehte mich um

Und rannte fort

Der Rabe flog dich neben mir

zeigte mir den Weg zu gehen

zum Glück, das mir entrungen war

Ich wollte nie

weder Licht noch Dunkel sein

und Teil des Kampfes voll von Leid

Licht sollte des Mädchens Zukunft sein

Nie will ich werden

was ich dort sah

Denn eure Kämpfte sind nicht die meinen

eure Sorgen nur die Eigenen

Das Dunkle frisst

doch Licht ist immer

Der Rabe schaut mich wissend an

Ich griff seine Feder

die ich schwang

und sagte leis

‚Nie wieder

Mein Glück BrINg ich!'

Ich streckte aus

die Flügel schwer

und stieg und stieg

endlos hinauf

Ich wachte auf

neben mir lagst du

ich dreht mich um

zu meinem Glück

und hielt dich fest

‚Nun schlaf in Ruh'

Leben

Das Leben ist ein kurzer Luftzug

Einmal Atem holen und abtauchen

Versuchen wieder nach oben zu kommen

Mit Schmerzen verbunden

unnötige Zeit verlierend

Der Versuch ein Funken Intelligenz zu erhaschen

Zum Scheitern verurteilt

Durch die Unwissenheit und Unzugänglichkeit,

genannt Starrsinn

Dem Sturm ausgesetzt

sich an einem Ast klammernd

Ohne Hoffnung verweilend bis zum Ende

Herauszögern der letzten Sekunden

in denen wir die verpestete Luft des Lebens in uns

aufnehmen

Einsame Tränen

Die stille einsame Träne in der Nacht wird geweint

weil niemand sie sieht

Man braucht sich ihrer nicht zu schämen

Keiner fragt überflüssige unangenehme Fragen

Keiner interessiert sich für sie

niemand wird je merke

dass sie vergossen wurde

Du kannst sie wegwischen

und deine lächelnde, gut gelaunte Maske aufsetzen

Das fröhliche Mädchen spielen

für das dich alle halten

Keiner wird dein Geheimnis bemerken

Bis eines Tages jemand kommt und sieht

Und weiß was in dir wirklich vor geht

Sich zu dir setzt und gemeinsam mit dir weint

die Tränen beweint, die du einsam vergossen hast

Mein Leben

Ich schenke dir mein Leben

Voll Dunkelheit getränkt

mit Schmerz geprägt

die Seele zerfressende Leiden

sich tiefer bohrend ins Innere

Auf ein Lichtschein wartendes

der Einsamkeit versuchend zu entfliehendes Leben

So schön, mein Leben

Nimm es, suche das Licht

Mein Leben

für dich

Ich brauche es nicht

Schmerzfrei werde ich sein

dich beobachtend

was du machst

aus meinem Leben

Für dich mein Leben

Lebe mich

Gefängnis

Ich hasse meinen Körper

So eng

Ich kann nicht atmen, nicht frei sein

Würde mir am liebsten die Haut abreißen

Ich will fliehen

Er hält mich gefangen, zwängt mich ein

Ich hasse meinen Körper

Die Liebe geht nie ganz

Wenn man wirklich geliebt hat

Geht diese Liebe nie ganz

Niemals verlischt sie vollkommen

Man kann sie nur weg schließen

Und sich nicht mehr erinnern

Sodass man denkt man hätte vergessen

Und würde nicht mehr lieben

Aber wenn man wahrhaftig geliebt hat

vergeht es nie ganz

Wie soll man die wahre Liebe finden

wenn die vergangene Alte an einem zerrt?

Wie soll man lernen zu verstehen

wenn die Zeit einen drängt zu vergessen?

Wie und wieso soll und tut man sich erinnern

wenn es doch jedesmal so schmerzt?

Warum reißt das Herz jedesmal auf ein neues auf

obwohl doch soviel Zeit vergeht?

Wieso kann man die Zeit nicht anhalten

oder gar zurück drehen?

Warum lassen wir Zeit in unserem Leben

Eine so große Rolle spielen?

Warum bestimmen Erinnerungen und Erlebnisse so unser

Leben?

Warum laufen wir vor der Zeit davon

wenn wir doch nur mit Ihr gehen müssten?

Warum versuchen wir nicht die Zeit zu unserem Vorteil zu

nutzen?

Und was machen wir derweil mit unseren Erinnerungen?

Träumen

Ich träume vor mich hin, entgleite der Welt

Fernab von Schmerzen und Trauer

Wahnsinn und Sinnlosigkeit

Hass und Liebe

verweile ich weit weg

Dort gibt es keine Leiden

kein Leben

Nur mich und die Ewigkeit

Für immer alleine

aber in Ruhe

Ohne Liebe

aber nicht verletzt

Ohne Schmerzen

aber auch ohne Glück

Nur für mich

In meiner Welt

Leblos für andere

Werde ich je wieder aufwachen oder für alle Zeit schlafen?

Vielleicht wartet mein erkaltetes Herz nur auf jemanden

der mich weckt?

Der mir Ruhe gibt

ohne, dass ich alleine bin

Der mir Liebe schenkt

ohne mich zu verletzen

Der mich glücklich macht

ohne mir Schmerzen zu bereiten

Der mit mir zusammen meine Welt teilt

Mich mit Leben füllt und mir Geborgenheit schenkt

ço ow

Schmerz

Warum ertragen wir eigentlich diesen Schmerz?

Aus Sarkasmus und Spaß an der Freude?

Nur um die Momente des Glücks zu leben

oder nur auf sie zu warten?

Um einfach zu trotzen und zu sagen ‚Ich leb'?

Gar um ein Stück der Liebe der Verleumdung zu erhaschen?

Doch wen interessiert was wir empfinden?

Gott?

Die Welt?

Keiner will es wissen

Sind wir die Dummen?

Und schlau nur die, die ihr Leid vorzeitig beenden?

Doch wen kümmert schon der andere?

Vielleicht dich?

Nein?

Oder etwa doch?

Denn dies sind nur wenige

In dieser Welt denkt jeder nur an sich

৩ ৎ

Verlorene Intelligenz

Intelligenz ist etwas, das nur wenige gesehen und noch

weniger erlangen

In einer Welt, wie dieser

voll Kriege, Egoismus und vermaledeiter Dummheit ist

sie verloren

Niemand kennt sie mehr

Und die es behaupten sind noch Dümmer

als die, die es einsehen

Schon vor langer Zeit ist sie verschwunden

denn Uneinsicht und Verleugnung waren ihr zuwider

Strahlendes Licht der Intelligenz

Wann wird der Mensch verstehen

und du uns mit deinem Glanz erhellen?

Wenn der Mensch gegangen ist

wirst du dir für deine Aufgaben das wahrhaftige Wesen

aussuchen

Doch dies wird es nie geben

Und immer wieder und für alle Zeit

wirst du verloren sein

Wehklagen

Es regnete, als du vor mir standst

mich ansahst und mir das Herz brachst

Deine Augen waren so leer

so ausdruckslos

Wo war deine Liebe hin verschwunden

Wo sollte ich meine verstecken

Du hattest nicht mal ein Wort des Trostes für mich

startest mich nur an

Der Satz ‚wir werden uns nicht wiedersehen'

traf mich wie 1000 Pfeile ins Herz

Hattest du mich überhaupt geliebt?

Hatte ich dich zu sehr geliebt?

Ich spürte wie sich mir die Luft zuschnürte

Der Regen tropfte von meinem Kinn

So konntest du wenigstens nicht meine Tränen sehn

die in Strömen über meine Wangen flossen

Wolltest du mich einfach verletzen?

War ich selbst Schuld für den Schmerz?

Du drehtest dich um ohne einen weiteren Blick

ohne eine heilende Geste

Meine Kehle war wie zugeschnürt

ich wollte schreien

Doch niemand hörte das Stumme wehklagen

meines gebrochenen Herzen

Snowflakes

Frozen tears were on her cheek

white snow flakes in her hair

her hands were cold

her heart was dead

she knew she was not there

Inhalt